Kreuzweg am Kolosseum

Karfreitag 2011

KREUZWEG AM KOLOSSEUM

UNTER DEM VORSITZ DES HEILIGEN VATERS
BENEDIKT XVI.

KARFREITAG 2011

Herausgegeben vom Büro für liturgische Feiern mit dem Heiligen Vater

HERDER

FREIBURG · BASEL · WIEN

Meditationen von

SR. MARIA RITA PICCIONE, O.S.A.

Vorsitzende der Föderation der Augustinerinnen Italiens
„Madonna del Buon Consiglio – Muttergottes vom Guten Rat“

Illustrationen von

SR. ELENA MARIA MANGANELLI, O.S.A.

EINFÜHRUNG

„Wenn jemand von weitem die Heimat sähe und zwischen ihr und ihm das Meer läge, dann sähe er zwar, wohin er gelangen muss, wüsste aber nicht wie. Genauso geht es uns … Wir erspähen das zu erreichende Ziel, doch dazwischen liegt das Meer dieser unserer Zeit … Damit wir nun auch das Boot zur Überfahrt hätten, ist von dorther derjenige gekommen, zu dem wir gehen wollten … und er hat uns das Holz besorgt, mit dem wir das Meer überqueren können. Denn niemand kann das Meer dieser Zeit überqueren, wenn er nicht vom Kreuz Christi getragen wird … Verlasse [also] das Kreuz nicht, dann wird es dich tragen.“

Diese Worte des heiligen Augustinus aus seinem *Kommentar zum Johannesevangelium* (2,2) führen uns in das Gebet des Kreuzwegs ein.

Der Kreuzweg will nämlich diese Gebärde, uns im Meer des Lebens an das Holz des Kreuzes Christi zu *klammern*, in uns neu beleben. Er ist also nicht eine bloße Praxis der Volksfrömmigkeit mit sentimentalem Einschlag; er drückt das Eigentliche christlicher Erfahrung aus: „Wer mein Jünger sein will, der verleugne sich selbst, nehme sein Kreuz auf sich und folge mir nach“ (*Mk* 8,34).

Aus diesem Grund geht der Heilige Vater an jedem Karfreitag erneut den Kreuzweg vor und mit aller Welt.

Für die Gestaltung dieses Gebetes hat Papst Benedikt XVI. sich in diesem Jahr an die monastische Welt der Augustinerinnen gewandt und Sr. Maria Rita Piccione, O.S.A., die Vorsitzende der Föderation der Augustinerinnen Italiens *„Madonna del Buon Consiglio“*, mit der Abfassung der Texte betraut.

Sr. Maria Rita gehört zur augustinischen Einsiedelei von Lecceto (Siena) – eine der toskanischen Klausen des 13. Jahrhunderts, der Wiege des Ordens des heiligen Augustinus. Zur Zeit ist sie Mitglied der *Comunità dei Santi Quattro Coronati* in Rom, wo sich das gemeinsame

Bildungshaus für die augustinischen Novizinnen und Professen Italiens befindet.

Nicht nur die Texte sind das Werk einer Augustinerin, auch die Bilder entspringen in Form und Farbe weiblichem und augustinischem künstlerischem Empfinden. Sr. Elena Maria Manganelli, O.S.A., aus der Einsiedelei von Lecceto, ursprünglich von Beruf Bildhauerin, ist die Urheberin der Tafeln, welche die einzelnen Stationen des Kreuzwegs illustrieren.

Diese Verflechtung von Wort, Form und Farbe vermittelt uns etwas von der augustinischen Spiritualität, die von der Jerusalemer Urgemeinde her inspiriert ist und auf dem Leben in Gemeinschaft basiert.

Es ist ein Geschenk für alle, zu wissen, dass die Vorbereitung dieses Kreuzwegs aus der Erfahrung von Nonnen hervorgeht, die „gemeinsam leben, denken, beten und sich im Gespräch austauschen", um es in dem lebendigen und eindrucksvollen Bild zu sagen, mit dem Romano Guardini eine augustinische Mönchsgemeinschaft skizziert hat.

Jede Station bringt in der Anfangszeile unter der klassischen Ankündigung einen ganz kurzen Satz, der den Schlüssel zum Verständnis dieser Station bieten möchte. Wir könnten ihn entgegennehmen in der Vorstellung, er sei von einem Kind gesprochen, gleichsam als einen Hinweis auf die Einfachheit der Kleinen, die es verstehen, das Herz der Wirklichkeit zu erfassen, und als einen symbolischen Raum, in dem die Kirche die Stimme gekränkter und ausgebeuteter Kinder in ihr Gebet aufnimmt.

Das vorgetragene Wort Gottes ist dem Johannesevangelium entnommen, mit Ausnahme der Stationen, die sich auf keinen Evangelientext berufen können oder aber an die anderen Evangelien anknüpfen. Mit dieser Wahl sollte die Botschaft der Herrlichkeit des Kreuzes Christi hervorgehoben werden.

Der biblische Text wird dann durch eine kurze, aber klare eigene Überlegung kommentiert.

Das an den „demütigen Jesus" gerichtete Gebet – ein Ausdruck, der Augustinus besonders lieb ist (*Conf.* 7,18,24) –, das aber mit der Kreuzigung/Erhöhung Christi das Adjektiv *demütig* nicht mehr verwendet, ist das Bekenntnis, das die Kirche als Braut an den Bräutigam im Blut richtet.

Dann folgt eine Anrufung des Heiligen Geistes, der unsere Schritte lenkt und die Liebe Gottes in unser Herz gießt (vgl. *Röm* 5,5): Es ist die apostolisch-petrinische Kirche, die an das Herz Gottes klopft.

Jede Station nimmt eine besondere *Spur* auf, die Jesus auf dem Kreuzweg hinterlassen hat und der zu folgen die Gläubigen aufgerufen sind. So sind die Schritte, die diesen Weg markieren, Wahrheit, Anständigkeit, Demut, Gebet, Gehorsam, Freiheit, Geduld, Bekehrung, Ausdauer, Wesentlichkeit, Königtum, Selbsthingabe, Mütterlichkeit, schweigende Erwartung.

Die Bildtafeln von Sr. Elena Maria – frei von zusätzlichen Figuren und Motiven, wesentlich in den Farben – zeigen Jesus, allein in seiner Passion, wie er beim Überschreiten der trockenen Erde eine Furche in sie eingräbt und sie mit seiner Gnade benetzt. Ein immer gegenwärtiger Lichtstrahl, der so einfällt, dass er ein Kreuz bildet, verweist auf den Blick des Vaters, während der Schatten einer Taube, der Heilige Geist, daran erinnert, dass Christus „sich selbst kraft ewigen Geistes Gott als makelloses Opfer dargebracht hat" (*Hebr* 9,14).

Mit diesem ihrem Beitrag zum Gebet des Kreuzwegs möchten die Augustinerinnen der Kirche und dem Heiligen Vater Benedikt XVI. ein Geschenk der Liebe darbringen, in tiefer Übereinstimmung mit der vom Augustiner-Orden bekannten besonderen Verehrung und Treue gegenüber der Kirche und den Päpsten.

Wir sind diesen beiden Schwestern, Sr. Maria Rita und Sr. Elena Maria, dankbar, dass sie sich bereit erklärt haben, aus der ständigen Meditation des Wortes Gottes sowie der Schriften des heiligen Augustinus heraus und unterstützt durch das Gebet der Gemeinschaften der Föderation, in aller Einfachheit ihre Erfahrung Christi und des Ostergeheimnisses mitzuteilen, und das in einem Jahr, in dem das Osterfest gerade auf den 24. April, den Tauftag des heiligen Augustinus, fällt.

GRUSSWORT

Christus hat für euch gelitten und euch ein Beispiel gegeben, damit ihr seinen Spuren folgt.[1]

Brüder und Schwestern in Christus,

wir befinden uns heute Abend in dem eindrucksvollen Szenarium des römischen Kolosseums, zusammengerufen durch das eben verkündete Wort, um gemeinsam mit dem Heiligen Vater Benedikt XVI. den Kreuzweg Jesu zu gehen.

Halten wir unsere inneren Augen auf Christus gerichtet, und rufen wir ihn mit brennendem Herzen an: „Ich bitte dich, Herr, *sag zu mir: Ich bin deine Hilfe!* Sag es, damit ich es höre!“[2]

Seine trostreiche Stimme wird verflochten mit dem mürben Faden unseres „Ja“, und der Heilige Geist, der Finger Gottes, spinnt den haltbaren Schussfaden des Glaubens, der stärkt und leitet.

Folgen, glauben, beten: Das sind die einfachen und sicheren Schritte, die unserem Vorangehen auf dem Kreuzweg Kraft verleihen und stufenweise den Weg der Wahrheit und des Lebens erahnen lassen.

1 *1 Petr 2,21.*

2 *Augustinus, Conf. 1,5,5.*

VORBEREITUNGSGEBET

Der Heilige Vater: Im Namen des Vaters und des Sohnes und des Heiligen Geistes.
A. Amen.

Der Heilige Vater: Lasst uns beten.

Herr Jesus,
Du lädst uns ein, Dir auch in dieser Deiner letzten Stunde zu folgen.
In Dir ist ein jeder von uns,
und wir, die Vielen, sind eins in Dir.
In Deiner Stunde ist die Stunde der Prüfung unseres Lebens enthalten,
in ihren grausamsten und härtesten Schattenseiten;
es ist die Stunde der Passion Deiner Kirche
und der gesamten Menschheit.

Es ist die Stunde der Finsternis:
wenn „die Fundamente der Erde erschüttert" werden[3]
und der Mensch, „ein Teilchen Deiner Schöpfung",[4] mit ihr seufzt und leidet;
wenn die verschiedenen Masken der Lüge die Wahrheit verhöhnen
und die Verlockungen des Erfolgs den innerlichen Ruf der Redlichkeit ersticken;
wenn die Sinn- und Werteleere das erzieherische Wirken zunichte macht
und die Unordnung des Herzens die Arglosigkeit der Kleinen und Schwachen besudelt;
wenn der Mensch den Weg verliert, der ihn zum Vater führt,

---

3 *Jes 24,18.*
4 *Augustinus, Conf. 1,1,1.*

und in Dir nicht mehr das schöne Antlitz des eigenen Menschseins erkennt.

In dieser Stunde schleicht sich die Versuchung zur Flucht ein,
das Gefühl der Erschütterung und der Angst,
während der Wurm des Zweifels den Geist annagt,
und die Dunkelheit wie ein Vorhang auf die Seele fällt.

Und Du, Herr, der Du im aufgeschlagenen Buch unseres gebrechlichen Herzens liest,
fragst uns heute Abend wieder,
wie Du einst die Zwölf gefragt hast:
„Wollt auch ihr weggehen?"[5]

Nein, Herr, wir können und wir wollen nicht weggehen,
denn „nur Du hast Worte des ewigen Lebens",[6]
nur Du kennst „das Wort der Wahrheit",[7]
und Dein Kreuz
ist der einzige „Schlüssel, der uns für die Geheimnisse der Wahrheit und des Lebens öffnet".[8]

„Wir folgen Dir, wohin Du auch gehst!"[9]

In dieser Einwilligung liegt unsere Anbetung,
während am Horizont des *Noch nicht*
ein Freudenstrahl des *Schon* wie ein Kuss unseren Weg berührt.

A. Amen.

---

5 *Joh 6,67.*
6 *Joh 6,68.*
7 *Vgl. Eph 1,13.*
8 *Vgl. Augustinus, En. in Ps. 45,1.*
9 *Vgl. Mt 8,19.*

Das Gebet des Herrn

Pater noster, qui es in cælis:
sanctificetur nomen tuum;
adveniat regnum tuum;
fiat voluntas tua, sicut in cælo, et in terra.
Panem nostrum cotidianum da nobis hodie;
et dimitte nobis debita nostra,
sicut et nos dimittimus debitoribus nostris;
et ne nos inducas in tentationem;
sed libera nos a malo.

Vater unser im Himmel,
geheiligt werde dein Name.
Dein Reich komme.
Dein Wille geschehe, wie im Himmel so auf Erden.
Unser tägliches Brot gib uns heute.
Und vergib uns unsere Schuld,
wie auch wir vergeben unsern Schuldigern.
Und führe uns nicht in Versuchung,
sondern erlöse uns von dem Bösen.

DER KREUZWEG UNSERES HERRN

I

ERSTE STATION
Jesus wird zum Tode verurteilt

Jesus schweigt; in seinem Innern hütet er die Wahrheit.

V. Adoramus te, Christe, et benedicimus tibi.
A. Quia per sanctam crucem tuam redemisti mundum.

[V. Wir beten Dich an, Herr Jesus Christus, und preisen Dich.
A. Denn durch Dein heiliges Kreuz hast Du die Welt erlöst.]

Aus dem heiligen Evangelium nach Johannes. 18,37–40

Pilatus sagte zu ihm: „Also bist du doch ein König?" Jesus antwortete: „Du sagst es, ich bin ein König. Ich bin dazu geboren und dazu in die Welt gekommen, dass ich für die Wahrheit Zeugnis ablege. Jeder, der aus der Wahrheit ist, hört auf meine Stimme." Pilatus sagte zu ihm: „Was ist Wahrheit?" Nachdem er das gesagt hatte, ging er wieder zu den Juden hinaus und sagte zu ihnen: „Ich finde keinen Grund, ihn zu verurteilen. Ihr seid gewohnt, dass ich euch am Paschafest einen Gefangenen freilasse. Wollt ihr also, dass ich euch den König der Juden freilasse?" Da schrien sie wieder: „Nicht diesen, sondern Barabbas!" Barabbas aber war ein Straßenräuber.

BETRACHTUNG

Pilatus findet bei Jesus keinen Grund zur Verurteilung, doch zugleich findet er in sich nicht die Kraft, sich ebendieser Verurteilung zu widersetzen.

Sein inneres Ohr bleibt taub für das Wort Jesu und versteht nicht dessen Zeugnis für die Wahrheit.

„Die Wahrheit hören heißt, ihr zu gehorchen und an sie zu glauben."[10] Es heißt, freiwillig unter ihrer Führung zu leben und ihr das eigene Herz zu übergeben.

---

10 *Vgl.* AUGUSTINUS, *In Ioannis Ev. Tract. 115,4.*

Pilatus ist nicht frei: Er ist äußeren Einflüssen unterworfen. Doch jene Wahrheit, die er gehört hat, klingt weiter in seinem Innern nach wie ein Echo, das anklopft und beunruhigt.

So geht er zu den Juden hinaus; „ging wieder hinaus", betont der Text, als sei es ein Impuls, vor sich selbst zu fliehen. Und die Stimme, die ihn von *außen* erreicht, gewinnt die Übermacht über das Wort im *Innern*.

Hier entscheidet sich die Verurteilung Jesu, die Verurteilung der Wahrheit.

GEBET

Demütiger Jesus,
auch wir lassen uns beeinflussen von dem, was *draußen* liegt.
Wir verstehen nicht mehr, die leise,
anspruchsvolle und befreiende Stimme unseres Gewissens zu hören,
die im *Innern* liebevoll lockt und einlädt:
„Geh nicht hinaus, kehre zurück in dich selbst:
In deinem inneren Menschen ist es, wo die Wahrheit wohnt."[11]

Komm, Geist der Wahrheit,
hilf uns, im „tief im Herzen verborgenen Menschen"[12]
dem heiligen Antlitz des Sohnes zu begegnen,
der uns erneuert in unserer göttlichen Ebenbildlichkeit!

✠

Alle: Pater noster ... (s. Seite 14)

Stabat Mater dolorosa	*Christi Mutter stand mit Schmerzen*
iuxta crucem lacrimosa,	*bei dem Kreuz und weint' von Herzen,*
dum pendebat Filius.	*als ihr lieber Sohn da hing.*

11 *AUGUSTINUS, De vera religione 39,72.*
12 *Vgl. den griechischen Text von 1 Petr 3,4.*

II

ZWEITE STATION
Jesus nimmt das Kreuz auf sich

Jesus trägt das Kreuz, er bürdet sich die Last der Wahrheit auf.

V. Adoramus te, Christe, et benedicimus tibi.
A. Quia per sanctam crucem tuam redemisti mundum.

Aus dem heiligen Evangelium nach Johannes. 19,6–7.16–17

Die Hohenpriester und ihre Diener schrien: „Ans Kreuz mit ihm, ans Kreuz mit ihm!" Pilatus sagte zu ihnen: „Nehmt ihr ihn und kreuzigt ihn! Denn ich finde keinen Grund, ihn zu verurteilen." Die Juden entgegneten ihm: „Wir haben ein Gesetz, und nach diesem Gesetz muss er sterben, weil er sich als Sohn Gottes ausgegeben hat."…

Da lieferte Pilatus ihnen Jesus aus, damit er gekreuzigt würde. Sie übernahmen Jesus. Er trug sein Kreuz und ging hinaus zur sogenannten Schädelhöhe, die auf Hebräisch Golgota heißt.

BETRACHTUNG

Pilatus zögert, er sucht einen Vorwand, um Jesus freizulassen, doch vor dem übermächtigen, lärmenden Willen, der sich auf das Gesetz beruft und Unterstellungen verbreitet, weicht er zurück.

Ständig wiederholt sich die Geschichte des verletzten Herzens des Menschen: seine Kläglichkeit, seine Unfähigkeit, von sich aus den Blick zu erheben, um sich nicht von den Illusionen des kleinen persönlichen Vorteils täuschen zu lassen, sondern sich zu befreien und hinaufzuschwingen, im freien Flug getragen von Güte und Redlichkeit.

Das Herz des Menschen ist ein Mikrokosmos.

In ihm entscheiden sich die großen Geschicke der Menschheit, lösen oder verschärfen sich ihre Konflikte. Aber der entscheidende Punkt ist immer derselbe: die Wahrheit, die befreit, zu ergreifen oder zu verlieren.

GEBET

Demütiger Jesus,
im täglichen Dahineilen unseres Lebens
schaut unser Herz nach unten, auf seine kleine Welt,
und, ganz auf die Berechnung des eigenen Wohlstands konzentriert,
bleibt es blind für die Hand des Armen und des Schutzlosen,
der um Gehör bettelt und Hilfe erfleht.
Bestenfalls ist er gerührt, doch er rührt sich nicht.

Komm, Geist der Wahrheit,
fessle unser Herz und ziehe es hin zu Dir.
„Erhalte seinen inneren Geschmackssinn gesund,
damit es koste und trinke
die Weisheit, die Gerechtigkeit, die Wahrheit, die Ewigkeit!“[13]

✠

Alle: Pater noster ...

Cuius animam gementem,	*Durch die Seele voller Trauer,*
contristatam et dolentem	*seufzend unter Todesschauer,*
pertransivit gladius.	*jetzt das Schwert des Leidens ging.*

13 *Vgl.* AUGUSTINUS, *In Ioannis Ev. Tract. 26,5.*

III

DRITTE STATION

Jesus fällt zum ersten Male unter dem Kreuz

Jesus fällt, doch gütig und demütig steht er wieder auf.

V. Adoramus te, Christe, et benedicimus tibi.
A. Quia per sanctam crucem tuam redemisti mundum.

Aus dem heiligen Evangelium nach Matthäus. 11,28–30

„Kommt alle zu mir, die ihr euch plagt und schwere Lasten zu tragen habt. Ich werde euch Ruhe verschaffen. Nehmt mein Joch auf euch und lernt von mir; denn ich bin gütig und von Herzen demütig; so werdet ihr Ruhe finden für eure Seele. Denn mein Joch drückt nicht und meine Last ist leicht."

BETRACHTUNG

Das mehrmalige Fallen Jesu auf dem Kreuzweg gehört nicht zum Text der Heiligen Schrift; es ist eine im Herzen vieler Beter bewahrte und gepflegte Überlieferung der traditionellen Frömmigkeit.

In seinem ersten Sturz richtet Jesus eine Einladung an uns, erschließt uns einen Weg, eröffnet für uns eine Schule.

Es ist die Einladung, in der Erfahrung der menschlichen Ohnmacht zu ihm zu gehen, um in ihr die Pfropfstelle der göttlichen Macht zu entdecken.

Es ist der Weg, der zur Quelle der echten Ruhe und Erquickung führt, zur Quelle jener Gnade, die genügt.

Es ist die Schule, in der man die Sanftmut lernt, die die Auflehnung beschwichtigt, und in der das Vertrauen an die Stelle der Anmaßung tritt.

Vom Katheder seines Sturzes aus erteilt Jesus uns vor allem die große Lehre der Demut – „der Weg, der ihn zur Auferstehung führte";[14] der Weg, der uns nach jedem Fall die Kraft verleiht, zu sagen: „Nun beginne ich von neuem, Herr, aber mit Dir, nicht allein!"

GEBET

Demütiger Jesus,
unser Fallen, eine Mischung aus Begrenztheit und Sünde,
verletzt den Stolz unseres Herzens,
verschließt es gegenüber der Gnade der Demut
und blockiert unseren Weg zu Dir.

Komm, Geist der Wahrheit,
befreie uns von jedem Anspruch des Selbstgenügens,
und gib, dass wir in jedem eigenen Fallen
eine Stufe der Leiter erkennen, die zu Dir aufsteigen lässt!

✠

Alle: Pater noster ...

O quam tristis et afflicta
fuit illa benedicta
Mater Unigeniti.

Welch ein Weh der Auserkor'nen,
da sie sah den Eingebor'nen,
wie er mit dem Tode rang!

14 *Vgl. AUGUSTINUS, En. in Ps. 127,10.*

IV

VIERTE STATION
Jesus begegnet seiner Mutter

Bei dem Kreuz Jesu steht *seine Mutter:*
Das ist ihr Gebet und Ihre Mutterschaft.

V. Adoramus te, Christe, et benedicimus tibi.
A. Quia per sanctam crucem tuam redemisti mundum.

Aus dem heiligen Evangelium nach Johannes. 19,25–27

Bei dem Kreuz Jesu standen seine Mutter und die Schwester seiner Mutter, Maria, die Frau des Klopas, und Maria von Magdala. Als Jesus seine Mutter sah und bei ihr den Jünger, den er liebte, sagte er zu seiner Mutter: „Frau, siehe, dein Sohn!" Dann sagte er zu dem Jünger: „Siehe, deine Mutter!" Und von jener Stunde an nahm sie der Jünger zu sich.

BETRACHTUNG

Der heilige Johannes spricht uns vom Stehen der Mutter bei dem Kreuz Jesu; keiner der Evangelisten berichtet uns jedoch direkt von einer Begegnung der beiden.

In Wirklichkeit ist in diesem Stehen der Mutter die Begegnung auf dichteste und höchste Weise zum Ausdruck gebracht. In der scheinbaren Unbeweglichkeit des Verbs *stehen* vibriert die innere Lebendigkeit einer Dynamik.

Es ist die intensive Dynamik des Gebetes, die sich mit dessen gelassener Passivität verbindet. Beten ist ein Sich-einhüllen-Lassen von dem liebevollen und wahrhaftigen Blick Gottes, der uns vor uns selbst enthüllt und uns aussendet für unseren Auftrag.

Im echten Gebet bewirkt die persönliche Begegnung mit Jesus, dass man *Mutter* und *Lieblingsjünger* wird; sie schafft Leben und vermittelt Liebe. Sie weitet den inneren Raum der Aufnahme und flicht mystische

Bindungen des Miteinander, indem sie uns einander anvertraut und das *Du* zum *Wir* der Kirche hin öffnet.

GEBET

Demütiger Jesus,
wenn die Widerwärtigkeiten und die Ungerechtigkeiten des Lebens,
das unschuldige Leiden und die grausame Gewalt
uns auf Dich schimpfen lassen,
lädst Du uns ein, wie Deine Mutter am Fuß des Kreuzes zu *stehen*.
Wenn unsere Erwartungen und unsere Initiativen,
der Zukunft beraubt oder vom Scheitern gezeichnet,
uns zur Flucht in die Verzweiflung bringen,
erinnerst Du uns an die Kraft der harrenden Erwartung.
Wahrhaftig, die Macht des *Stehens* als Ausdruck des *Betens*
haben wir vergessen!

Komm, Geist der Wahrheit,
sei Du der „Schrei unseres Herzens“,[15]
der, unaufhörlich und unaussprechlich,
vertrauensvoll *steht* vor der Gegenwart Gottes!

✠

Alle: Pater noster ...

Quæ mærebat et dolebat	*Angst und Trauer, Qual und Bangen,*
pia Mater, dum videbat	*alles Leid hielt sie umfangen,*
Nati pœnas incliti.	*das nur je ein Herz durchdrang.*

15 Vgl. Augustinus, En. in Ps. 118, d. 29,1.

V

FÜNFTE STATION

Simon von Zyrene hilft Jesus das Kreuz tragen

Jesus lernt den Gehorsam der Liebe auf dem Weg der Passion.

V. Adoramus te, Christe, et benedicimus tibi.
A. Quia per sanctam crucem tuam redemisti mundum.

Aus dem heiligen Evangelium nach Lukas. 23,26

Als sie Jesus hinausführten, ergriffen sie einen Mann aus Zyrene namens Simon, der gerade vom Feld kam. Ihm luden sie das Kreuz auf, damit er es hinter Jesus hertrage.

BETRACHTUNG

Simon von Zyrene ist ein Mann, der von den Evangelisten mit besonderer Genauigkeit in Bezug auf Namen, Herkunft, Verwandtschaft und Aktivität beschrieben wird; er ist ein an einem bestimmten Ort und zu einem bestimmten Zeitpunkt dokumentierter Mann, der in gewisser Weise *gezwungen* wird, ein Kreuz zu tragen, das nicht das seine ist. In Wirklichkeit ist Simon von Zyrene ein jeder von uns. Er empfängt das Holz des Kreuzes Jesu, wie wir einst dessen Zeichen empfangen und angenommen haben in der heiligen Taufe.

Das Leben des Jüngers Jesu ist dieser Gehorsam gegenüber dem Zeichen des Kreuzes in einem zunehmend von der Freiheit der Liebe bestimmten Tun. Es ist der Abglanz des Gehorsams seines Meisters. Es ist die völlige Hingabe, sich von der *Geometrie der Liebe,*[16] von den Dimensionen des Kreuzes selbst belehren zu lassen: Es sind „die *Breite* der Werke der Güte; die *Länge* der Standhaftigkeit in Widerwärtigkeiten;

16 *Vgl. Eph 3,18.*

die *Höhe* der Erwartung, die hofft und nach oben schaut; die *Tiefe* der Wurzel der Gnade, die in der Vorleistungsfreiheit gründet".[17]

GEBET

Demütiger Jesus,
wenn das Leben uns einen bitteren und schwierigen Kelch zu trinken reicht,
verschließt sich unsere Natur, begehrt auf,
wagt nicht, sich anziehen zu lassen von der Torheit
jener größeren Liebe,
welche den Verzicht Freude werden lässt,
den Gehorsam Freiheit,
das Opfer Weitung des Herzens!

Komm, Geist der Wahrheit,
mach uns gehorsam gegenüber dem Besuch des Kreuzes,
folgsam gegenüber seinem Zeichen, das alles umfängt, was unser ist:
„Gestalt und Seele, Gedanken und Willen,
Sinn und Gemüt, Tun und Lassen"[18]
und alles weitet nach dem Maß der Liebe!

✠

Alle: Pater noster ...

Quis est homo qui non fleret,
Matrem Christi si videret
in tanto supplicio?

Wer könnt' ohne Tränen sehen
Christi Mutter also stehen
in so tiefen Jammers Not?

---

17 *Vgl.* Augustinus, *Ep. 140,26,64.*
18 *Vgl. R.* Guardini, *Von heiligen Zeichen.*

VI

SECHSTE STATION
Veronika reicht Jesus das Schweißtuch

Jesus sieht nicht auf den Augenschein. Jesus sieht das Herz.

V. Adoramus te, Christe, et benedicimus tibi.
A. Quia per sanctam crucem tuam redemisti mundum.

Aus dem Zweiten Brief des Apostels Paulus an die Korinther. 4,6

Gott, der sprach: „Aus Finsternis soll Licht aufleuchten!", er ist in unseren Herzen aufgeleuchtet, damit wir erleuchtet werden zur Erkenntnis des göttlichen Glanzes auf dem Antlitz Christi.

BETRACHTUNG

Im Verlauf des Kreuzwegs schildert die Volksfrömmigkeit die Geste einer Frau, voller Zartgefühl und Verehrung, gleichsam ein Hauch des Duftes von Betanien: Veronika trocknet das Antlitz Jesu. In jenem schmerzverzerrten Gesicht erkennt Veronika das von der Herrlichkeit verklärte Antlitz; in der Erscheinung des leidenden Knechtes sieht sie den schönsten aller Menschen. Das ist die Sicht, die die freie Geste der Zärtlichkeit auslöst und zur Belohnung den Abdruck des Heiligen Antlitzes erhält! Veronika lehrt uns das Geheimnis ihres fraulichen Sehens, „das zur Begegnung drängt und Hilfe bringt: *sehen mit dem Herzen!*"[19]

19 Vgl. Johannes Paul II., Brief an die Frauen, Nr. 12.

GEBET

Demütiger Jesus,
unser Sehen ist ein Sehen, das unfähig ist, *über* den Augenschein *hinaus* zu blicken:
über das Elend *hinaus*, um Deine Gegenwart zu erkennen,
über den Schatten der Sünde *hinaus*, um die Sonne Deiner Barmherzigkeit zu bemerken,
über die Runzeln der Kirche *hinaus*, um das Antlitz der Mutter zu betrachten.

Komm, Geist der Wahrheit,
träufle in unsere Augen „die Augentropfen des Glaubens",[20]
damit sie sich nicht vom Augenschein des Sichtbaren anziehen lassen,
sondern die Faszination des Unsichtbaren kennenlernen.

✠

Alle: Pater noster ...

Quis non posset contristari,
piam Matrem contemplari
dolentem cum Filio?

Wer nicht mit der Mutter weinen,
seinen Schmerz mit ihrem einen,
leidend bei des Sohnes Tod?

20 AUGUSTINUS, *In Ioannis Ev. Tract. 34,9.*

VII

SIEBENTE STATION
Jesus fällt zum zweiten Male unter dem Kreuz

Jesus stellt nicht die Macht unter Beweis, sondern lehrt die Geduld.[21]

V. Adoramus te, Christe, et benedicimus tibi.
A. Quia per sanctam crucem tuam redemisti mundum.

Aus dem Ersten Petrusbrief. 2,21b–24

Christus hat für euch gelitten und euch ein Beispiel gegeben, damit ihr seinen Spuren folgt. Er hat keine Sünde begangen, und in seinem Mund war kein trügerisches Wort. Er wurde geschmäht, schmähte aber nicht; er litt, drohte aber nicht, sondern überließ seine Sache dem gerechten Richter. Er hat unsere Sünden in seinem Leib auf das Holz des Kreuzes getragen, damit wir tot seien für die Sünden und für die Gerechtigkeit leben. Durch seine Wunden seid ihr geheilt.

BETRACHTUNG
Jesus fällt erneut unter dem Gewicht des Kreuzes. Auf dem Holz unseres Heiles lasten nicht nur die Gebrechen der menschlichen Natur, sondern auch die Widrigkeiten des Lebens. Jesus hat die Last der Verfolgung der Kirche von gestern und von heute getragen – jener Verfolgung, die die Christen im Namen eines Gottes tötet, dem die Liebe fremd ist, und jener, die ihre Würde verletzt mit „falschen Zungen und vermessenen Worten".[22] Jesus hat die Last der Verfolgung getragen, die sich gegen Petrus richtet, gegen die klare Stimme der „Wahrheit, die das Herz prüft und befreit".[23] Jesus hat mit seinem Kreuz die Last der Verfolgung seiner

21 *Vgl. Augustinus, En. in Ps. 40,13.*
22 *Vgl. Ps 12,4.*
23 *Vgl. Benedikt XVI., L'elogio della coscienza. La verità interroga il cuore, Siena 2009.*

Diener und Jünger getragen, derjenigen, welche mit Liebe auf Hass reagieren, mit Sanftmut auf Gewalt. Jesus hat mit seinem Kreuz die Last der übertriebenen „Eigenliebe" getragen, „die bis zur Verachtung Gottes geht"[24] und den Mitmenschen mit Füßen tritt. Alles hat er freiwillig getragen, alles hat er erlitten „mit seiner Geduld, um unserer Geduld eine Lehre zu erteilen".[25]

GEBET

Demütiger Jesus,
in den Ungerechtigkeiten und Widrigkeiten dieses Lebens
halten wir nicht stand in Geduld.
Häufig erbitten wir als Zeichen Deiner Macht,
dass Du uns befreist von der Last des Holzes unseres Kreuzes.

Komm, Geist der Wahrheit,
lehre uns, nach dem Beispiel Christi voranzugehen,
um „seine großen Gebote der Geduld
durch die Bereitung des Herzens zu erfüllen"![26]

✠

Alle: Pater noster ...

Pro peccatis suæ gentis
vidit Iesum in tormentis
et flagellis subditum.

Ach, für seiner Brüder Schulden
sah sie Jesus Marter dulden,
Geißeln, Dornen, Spott und Hohn.

---

24 Augustinus, De civitate Dei 14,28.
25 Ders., Sermo 175,3,3.
26 Vgl. Ders., In Ioannis Ev. Tract. 113,4.

VIII

ACHTE STATION

Jesus begegnet den Frauen von Jerusalem

Jesus schaut uns an und löst das Weinen der Bekehrung aus.

V. Adoramus te, Christe, et benedicimus tibi.
A. Quia per sanctam crucem tuam redemisti mundum.

Aus dem heiligen Evangelium nach Lukas. 23,27–31

Es folgte eine große Menschenmenge, darunter auch Frauen, die um ihn klagten und weinten. Jesus wandte sich zu ihnen um und sagte: „Ihr Frauen von Jerusalem, weint nicht über mich; weint über euch und eure Kinder! Denn es kommen Tage, da wird man sagen: ‚Wohl den Frauen, die unfruchtbar sind, die nicht geboren und nicht gestillt haben.' Dann wird man zu den Bergen sagen: ‚Fallt auf uns!', und zu den Hügeln: ‚Deckt uns zu!' Denn wenn das mit dem grünen Holz geschieht, was wird dann erst mit dem dürren werden?"

BETRACHTUNG

Jesus, der Meister, fährt auf dem Weg zum Kalvarienberg fort, unsere Menschlichkeit zu formen. Als er die Frauen von Jerusalem trifft, nimmt er mit seinem Blick voll Wahrheit und Barmherzigkeit die über ihn vergossenen Mitleidstränen auf. Derselbe Gott, der wehklagend über Jerusalem geweint hat,[27] lehrt jetzt diese Frauen, damit ihr Weinen keine unfruchtbare äußere Bemitleidung bleibt. Er lädt sie ein, in ihm das Schicksal des Unschuldigen zu erkennen, der ungerecht verurteilt ist und wie *grünes Holz* versengt wird von der „Strafe, die uns Heil bringt".[28] Er hilft ihnen, das *dürre Holz* des eigenen Herzens zu prüfen, um den heilsamen Schmerz der Zerknirschung zu empfinden.

---

27 *Vgl. Lk 19,41.*
28 *Vgl. Jes 53,5.*

Das echte Weinen entspringt hier, wenn die Augen mit den Tränen nicht nur die Sünde bekennen, sondern auch den Schmerz des Herzens. Das sind gesegnete Tränen wie jene des Petrus, Zeichen der Reue und Unterpfand der Bekehrung, die in uns die Taufgnade erneuern.

GEBET

Demütiger Jesus,
in Deinem leidenden und misshandelten Leib,
übel beleumdet und verspottet,
vermögen wir nicht mehr
die Wunden unserer Untreue und unserer Ehrsucht,
unseres Verrats und unserer Auflehnung zu erkennen.
Es sind Wunden, die seufzen
und den Balsam unserer Bekehrung erflehen,
während wir heute nicht mehr fähig sind, über unsere Sünden zu weinen.

Komm, Geist der Wahrheit,
gieße über uns die Gabe der Weisheit aus!
Im Licht der Liebe, die rettet,
schenke uns die Erkenntnis unseres Elends,
„die Tränen, die die Schuld auflösen,
das Weinen, das die Vergebung verdient“.[29]

✠

Alle: Pater noster ...

Eja, Mater, fons amoris,
me sentire vim doloris
fac, ut tecum lugeam.

Gib, o Mutter, Born der Liebe,
dass ich mich mit dir betrübe,
dass ich fühl die Schmerzen dein.

29 *Vgl. Ambrosius, Expositio Evangelii secundum Lucam, X, 90.*

IX

NEUNTE STATION

Jesus fällt zum dritten Male unter dem Kreuz

Mit seiner Schwäche macht Jesus unsere Schwäche stark.

V. Adoramus te, Christe, et benedicimus tibi.
A. Quia per sanctam crucem tuam redemisti mundum.

Aus dem heiligen Evangelium nach Lukas. 22,28–30a.31–32

„In allen meinen Prüfungen habt ihr bei mir ausgeharrt. Darum vermache ich euch das Reich, wie es mein Vater mir vermacht hat: Ihr sollt in meinem Reich mit mir an meinem Tisch essen und trinken …

Simon, Simon, der Satan hat verlangt, dass er euch wie Weizen sieben darf. Ich aber habe für dich gebetet, dass dein Glaube nicht erlischt. Und wenn du dich wieder bekehrt hast, dann stärke deine Brüder."

BETRACHTUNG

Mit seinem dritten Sturz bekennt Jesus die Liebe, mit der er für uns die Last der Prüfung ergriffen hat, und erneuert den Ruf, ihm in Treue bis zum Ende zu folgen. Aber er gewährt uns auch, einen Blick hinter den Vorhang der Verheißung zu werfen: „Wenn wir standhaft bleiben, werden wir auch mit ihm herrschen."[30]

Sein Fallen gehört zum Geheimnis seiner Inkarnation. Er hat uns in unserer Schwachheit aufgesucht, indem er bis auf deren Grund hinabgestiegen ist, um uns zu sich hinaufzuziehen. „Er hat uns in sich selbst den Weg der Demut gezeigt, um uns den Weg der Umkehr zu öffnen."[31] „Er hat uns die Geduld gelehrt als Waffe, um die Welt zu besiegen."[32] Jetzt,

30 2 Tim 2,12.
31 Vgl. Augustinus, Sermo 50,11.
32 Vgl. ders., In Ioannis Ev. Tract. 113,4.

da er zum dritten Mal zu Boden gestürzt ist, zeigt er uns, während er „mit unserer Schwäche mitfühlt“,[33] die Weise, wie man in der Prüfung nicht unterliegt: ausharren, fest und stark bleiben. Einfach „in ihm bleiben“.[34]

GEBET

Demütiger Jesus,
angesichts der Prüfungen, die unseren Glauben auf die Probe stellen,
empfinden wir Verzweiflung:
Wir glauben immer noch nicht, dass diese *unsere* Prüfungen
schon *Deine* waren,
und dass Du uns einfach einlädst,
sie *mit Dir* zu durchleben.

Komm, Geist der Wahrheit,
in dem immer neuen Fallen, das unseren Weg kennzeichnet!
Lehre uns, uns auf die Treue Jesu zu stützen,
an sein Gebet für uns zu glauben,
um jenen Kraftstrom aufzunehmen,
den nur er, der *Gott-mit-uns*, uns schenken kann!

✠

Alle: Pater noster ...

Fac, ut ardeat cor meum
in amando Christum Deum,
ut sibi complaceam.

Dass mein Herz von Lieb entbrenne,
dass ich nur noch Jesus kenne,
dass ich liebe Gott allein.

---

33 *Vgl. Hebr 4,15.*
34 *Vgl. Joh 15,7.*

X

ZEHNTE STATION
Jesus wird seiner Kleider beraubt

Jesus bleibt nackt, um uns mit dem Gewand der Kinder Gottes zu bekleiden.

V. Adoramus te, Christe, et benedicimus tibi.
A. Quia per sanctam crucem tuam redemisti mundum.

Aus dem heiligen Evangelium nach Johannes. 19,23–24

Die Soldaten … nahmen Jesu Kleider und machten vier Teile daraus, für jeden Soldaten einen. Sie nahmen auch sein Untergewand, das von oben her ganz durchgewebt und ohne Naht war. Sie sagten zueinander: „Wir wollen es nicht zerteilen, sondern darum losen, wem es gehören soll." So sollte sich das Schriftwort erfüllen: „Sie verteilten meine Kleider unter sich und warfen das Los um mein Gewand." Dies führten die Soldaten aus.

BETRACHTUNG

Jesus ist nackt. Das Bild Christi, der seiner Kleider beraubt ist, findet in der Bibel reichen Widerhall: Es führt uns zurück zu der unschuldigen Nacktheit des Ursprungs und zur Schande des Sündenfalls.[35]

In der ursprünglichen Unschuld war die Nacktheit das Kleid der Herrlichkeit des Menschen: seine transparente und schöne Freundschaft mit Gott. Mit dem Sündenfall zerbricht die Harmonie dieser Beziehung, die Nacktheit erleidet Schmach und trägt in sich die dramatische Erinnerung an jenen Verlust.

Nacktheit ist ein Synonym für *Wahrheit des Seins.*

Jesus, der seiner Kleider beraubt ist, webt vom Kreuz her das neue Gewand der Sohneswürde des Menschen. Jenes „Untergewand" ohne

---

35 *Vgl. Gen 2,25; 3,7.*

Naht bleibt dort ganz unversehrt für uns: Das Kleid seiner göttlichen Sohnschaft ist niemals zerrissen, sondern uns von der Höhe des Kreuzes aus geschenkt worden.

GEBET

Demütiger Jesus,
angesichts Deiner Nacktheit
entdecken wir das Eigentliche
unseres Lebens und unserer Freude:
in Dir Kinder des Vaters zu sein.
Aber wir bekennen auch den Widerstand,
die Armut als Abhängigkeit vom Vater zu ergreifen
und die Nacktheit als die Bekleidung seines Kindes anzunehmen.

Komm, Geist der Wahrheit,
hilf uns, in jeder Entblößung, die wir erleiden,
eine Begegnung mit der Wahrheit unseres Seins zu erkennen und zu preisen,
eine Begegnung mit der erlösenden Nacktheit des Heilands,
ein Sprungbrett zur kindlichen Umarmung mit dem Vater!

✠

Alle: Pater noster ...

Sancta Mater, istud agas,
Crucifixi fige plagas
cordi meo valide.

Heil'ge Mutter, drück die Wunden,
die dein Sohn am Kreuz empfunden,
tief in meine Seele ein.

XI

ELFTE STATION
Jesus wird ans Kreuz genagelt

Von der Erde erhöht, zieht Jesus alle an sich.

V. Adoramus te, Christe, et benedicimus tibi.
A. Quia per sanctam crucem tuam redemisti mundum.

Aus dem heiligen Evangelium nach Johannes. 19,18–22

Sie kreuzigten ihn und mit ihm zwei andere, auf jeder Seite einen, in der Mitte Jesus. Pilatus ließ auch ein Schild anfertigen und oben am Kreuz befestigen; die Inschrift lautete: „Jesus von Nazaret, der König der Juden". Dieses Schild lasen viele Juden, weil der Platz, wo Jesus gekreuzigt wurde, nahe bei der Stadt lag. Die Inschrift war hebräisch, lateinisch und griechisch abgefasst. Die Hohenpriester der Juden sagten zu Pilatus: „Schreib nicht: ‚Der König der Juden', sondern dass er gesagt hat: ‚Ich bin der König der Juden'." Pilatus antwortete: „Was ich geschrieben habe, habe ich geschrieben."

BETRACHTUNG

Der gekreuzigte Jesus ist im Zentrum; die königliche Inschrift, hoch oben am Kreuz, erschließt die Tiefen des Mysteriums: Jesus ist der König, und das Kreuz ist sein Thron. Das Königtum Jesu, in drei Sprachen aufgeschrieben, ist eine universale Botschaft: für Einfache und Weise, für Arme und Mächtige, für die, welche sich dem göttlichen Gesetz anvertrauen, und die, welche auf die politische Macht vertrauen. Das Bild des Gekreuzigten, das kein menschlicher Schiedsspruch jemals von den Wänden unseres Herzens entfernen kann, bleibt für immer das königliche Wort der Wahrheit: „Gekreuzigtes Licht, das die Blinden erleuchtet",[36] „verschlossene Schatzkammer, die allein das Gebet öffnen kann",[37] Herz der Welt.

---

36 Vgl. AUGUSTINUS, Sermo 136,4.
37 Vgl. DERS., Sermo 160,3.

Jesus regiert nicht, indem er herrscht mit einer Macht dieser Welt, er „verfügt über keine Divisionen".[38] „Jesus regiert durch Anziehung".[39] Sein Magnet ist die Liebe des Vaters, der in ihm sich für uns hingibt „bis zum unendlichen Ende".[40] „Nichts kann sich vor seiner Glut verbergen"![41]

GEBET

Herr Jesus, für uns gekreuzigt!
Du bist das Bekenntnis
der großen Liebe des Vaters zur Menschheit,
die Ikone der einzig glaubwürdigen Wahrheit.
Ziehe uns an Dich,
damit wir lernen, zu leben
„aus Liebe zu Deiner Liebe".[42]

Komm, Geist der Wahrheit,
hilf uns, stets „Gott und seinen Willen
den Interessen der Welt und ihren Mächten gegenüber zur Geltung zu bringen",
um in der äußerlichen Ohnmacht des Gekreuzigten
die immer neue Macht der Wahrheit zu erkennen.[43]

✠

Alle: Pater noster ...

Tui Nati vulnerati,	*Ach, das Blut, das er vergossen,*
tam dignati pro me pati	*ist für mich dahingeflossen;*
pœnas mecum divide.	*lass mich teilen seine Pein.*

---

38 *Benedikt XVI., Jesus von Nazareth. Vom Einzug in Jerusalem bis zur Auferstehung, Freiburg 2011, S. 214.*

39 *Vgl. Joh 12,32.*

40 *H. U. von Balthasar, „Tu coroni l'anno con la tua grazia", Mailand 1990, S. 188.*

41 *Vgl. Ps 19,7.*

42 *Augustinus, Conf. 2,1,1.*

43 *Vgl. Benedikt XVI., Jesus von Nazareth. Vom Einzug in Jerusalem bis zur Auferstehung, Freiburg 2011, S. 216.218.*

XII

ZWÖLFTE STATION
Jesus stirbt am Kreuz

Jesus erlebt seinen Tod als Geschenk der Liebe.

V. Adoramus te, Christe, et benedicimus tibi.
A. Quia per sanctam crucem tuam redemisti mundum.

Aus dem heiligen Evangelium nach Johannes. 19,28–30

Als Jesus wusste, dass nun alles vollbracht war, sagte er, damit sich die Schrift erfüllte: „Mich dürstet." Ein Gefäß mit Essig stand da. Sie steckten einen Schwamm mit Essig auf einen Ysopzweig und hielten ihn an seinen Mund. Als Jesus von dem Essig genommen hatte, sprach er: „Es ist vollbracht!" Und er neigte das Haupt und gab seinen Geist auf.

BETRACHTUNG

„Mich dürstet." „Es ist vollbracht!" In diesen beiden Worten vertraut Jesus uns – mit einem auf die Menschheit und zugleich auf den Vater gerichteten Blick – den brennenden Wunsch an, der ihn selbst und seine Sendung betraf: die Liebe zum Menschen und den Gehorsam gegenüber dem Vater. Eine *horizontale* Liebe und eine *vertikale* Liebe – das Zeichen des Kreuzes! Und aus dem Schnittpunkt der Linien dieser zweifachen Liebe, dort, wo Jesus das Haupt neigt, entspringt der Heilige Geist, die erste Frucht seiner Heimkehr zum Vater.

In diesem Lebenshauch der Vollendung schwingt die Erinnerung an das Werk der Schöpfung mit,[44] die jetzt erlöst ist. Aber auch der Aufruf an uns alle, die wir an ihn glauben, „das zu ergänzen, was in unserem irdischen Leben an den Leiden Christi noch fehlt".[45] Bis alles vollbracht ist!

---

44 Vgl. Gen 2,2.7.
45 Vgl. Kol 1,24.

GEBET

Herr Jesus, für uns gestorben!
Du bittest, um zu geben,
stirbst, um zu übereignen,
und lässt uns derweil in der Selbsthingabe
die Geste erkennen, die den Raum der Einheit schafft.
Verzeih den Essig unserer Verweigerung und unseres Unglaubens,
verzeih die Taubheit unseres Herzens
für Deinen Durstschrei,
der immer noch aufsteigt aus dem Schmerz so vieler Brüder.

Komm, Heiliger Geist,
Erbe des Sohnes, der für uns stirbt:
Sei Du der Lenker, der „uns in die ganze Wahrheit führt",[46]
und „die Wurzel, die uns in der Einheit bewahrt"![47]

✠

Alle: Pater noster ...

Vidit suum dulcem Natum	*Sah ihn trostlos und verlassen*
morientem desolatum,	*an dem blut'gen Kreuz erblassen,*
cum emisit spiritum.	*ihren lieben, einz'gen Sohn.*

46 *Vgl. Joh 16,13.*
47 *Vgl. Augustinus, En. in Ps. 143,3.*

XIII

DREIZEHNTE STATION

Jesus wird vom Kreuz abgenommen und in den Schoß seiner Mutter gelegt

Der Leib Jesu wird in die Umarmung der Mutter aufgenommen.

V. Adoramus te, Christe, et benedicimus tibi.
A. Quia per sanctam crucem tuam redemisti mundum.

Aus dem heiligen Evangelium nach Johannes. 19,32–35.38

Es kamen die Soldaten und zerschlugen dem ersten die Beine, dann dem andern, der mit ihm gekreuzigt worden war. Als sie aber zu Jesus kamen und sahen, dass er schon tot war, zerschlugen sie ihm die Beine nicht, sondern einer der Soldaten stieß mit der Lanze in seine Seite, und sogleich floss Blut und Wasser heraus. Und der, der es gesehen hat, hat es bezeugt, und sein Zeugnis ist wahr. Und er weiß, dass er Wahres berichtet, damit auch ihr glaubt …

Nach diesen Ereignissen kam Josef aus Arimathäa, der ein Jünger Jesu war, aber aus Furcht vor den Juden nur heimlich. Er bat Pilatus, den Leichnam Jesu abnehmen zu dürfen, und Pilatus erlaubte es. Also ging er und nahm den Leichnam ab.

BETRACHTUNG

Die Durchbohrung der Seite Jesu wird von einer Wunde zum Durchschlupf, zur offenen Pforte zum Herzen Gottes. Hier kann man seine unendliche Liebe zu uns schöpfen wie belebendes Wasser und wie ein Getränk, das unsichtbar sättigt und wieder aufleben lässt. Auch wir nähern uns dem vom Kreuz abgenommenen Leib Jesu, der von den Armen der Mutter gehalten wird. Wir nähern uns „nicht indem wir gehen, sondern indem wir glauben, nicht mit den Schritten des Leibes, sondern mit der freien Entscheidung des Herzens".[48] In diesem leblosen Leib erkennen wir uns selbst als seine verletzten und leidenden Glieder, die aber von der liebevollen Umarmung der Mutter behütet werden.

Doch wir erkennen uns auch in diesen mütterlichen Armen, die stark und zugleich zärtlich sind.

Die offenen Arme der Mutter Kirche sind wie der Altar, der uns den Leib Christi anbietet, und dort werden wir zum mystischen Leib Christi.

GEBET

Herr Jesus,
übergeben an die Mutter, das Urbild der Mutter Kirche!
Vor der Ikone der Pietà
lernen wir die Hingabe an das „Ja" der Liebe,
das Sich-Überlassen und die Aufnahme,
das Vertrauen und die konkrete Achtsamkeit,
die Zärtlichkeit, die das Leben heilt und Freude erweckt.

Komm, Heiliger Geist,
führe uns, wie Du Maria geführt hast,
in der strahlenden Unentgeltlichkeit der Liebe,
die „von Gott ausgegossen ist in unsere Herzen
mit dem Geschenk Deiner Gegenwart"![49]

✠

Alle: Pater noster ...

Fac me vere tecum flere,	*Lass mit dir mich herzlich weinen,*
Crucifixo condolere,	*ganz mit Jesu Leid vereinen,*
donec ego vixero.	*solang hier mein Leben währt.*

48 *Augustinus, In Ioannis Ev. Tract. 26,3.*
49 *Vgl. Röm 5,5.*

XIV

VIERZEHNTE STATION
Jesus wird ins Grab gelegt

Die Erde des Schweigens und der Erwartung bewahrt Jesus, den fruchtbaren Samen neuen Lebens.

V. Adoramus te, Christe, et benedicimus tibi.
A. Quia per sanctam crucem tuam redemisti mundum.

Aus dem heiligen Evangelium nach Johannes. 19,40–42

Sie nahmen den Leichnam Jesu und umwickelten ihn mit Leinenbinden, zusammen mit den wohlriechenden Salben, wie es beim jüdischen Begräbnis Sitte ist. An dem Ort, wo man ihn gekreuzigt hatte, war ein Garten, und in dem Garten war ein neues Grab, in dem noch niemand bestattet worden war. Wegen des Rüsttages der Juden und weil das Grab in der Nähe lag, setzten sie Jesus dort bei.

BETRACHTUNG

Ein Garten, Symbol des Lebens mit seinen Farben, nimmt das Mysterium des erschaffenen und erlösten Menschen auf. In einen Garten setzte Gott sein Geschöpf,[50] und von dort jagte er es fort nach dem Sündenfall.[51] In einem Garten nahm die Passion Jesu ihren Anfang,[52] und in einem Garten nimmt ein neues Grab den neuen Adam auf, der zurückkehrt zur Erde,[53] dem Mutterschoß, der das fruchtbare Samenkorn hütet, das stirbt.

50 *Vgl. Gen 2,8.*
51 *Vgl. Gen 3,23.*
52 *Vgl. Joh 18,1.*
53 *Vgl. Joh 19,41.*

Es ist die Zeit des Glaubens, der schweigend wartet, und der Hoffnung, die am trockenen Ast bereits das Hervorsprießen einer kleinen Knospe bemerkt – Verheißung von Heil und Freude.

Jetzt spricht die Stimme Gottes „im großen Schweigen des Herzens“.[54]

✠

Alle: Pater noster ...

Quando corpus morietur, *fac, ut animæ donetur* *paradisi gloria. Amen.*	*Jesus, wann mein Leib wird sterben,* *lass dann meine Seele erben* *deines Himmels Seligkeit! Amen.*

54 AUGUSTINUS, *En. in Ps. 38,20.*

ANSPRACHE UND SEGEN

Der Heilige Vater richtet das Wort an die Anwesenden.

Am Ende der Ansprache erteilt der Heilige Vater den Apostolischen Segen:

V.	Dominus vobiscum.	Der Herr sei mit euch.
A.	Et cum spiritu tuo.	Und mit deinem Geiste.
V.	Sit nomen Domini benedictum.	Der Name des Herrn sei gepriesen.
A.	Ex hoc nunc et usque in sæculum.	Von nun an bis in Ewigkeit.
V.	Adiutorium nostrum in nomine Domini.	Unsere Hilfe ist im Namen des Herrn.
A.	Qui fecit cælum et terram.	Der Himmel und Erde erschaffen hat.
V.	Benedicat vos omnipotens Deus, ✠ Pater, et ✠ Filius, et ✠ Spiritus Sanctus.	Es segne euch der allmächtige Gott: ✠ der Vater, ✠ der Sohn, und ✠ der Heilige Geist.
A.	Amen.	Amen.

GESANG

R. Crux fidelis, inter omnes arbor una nobilis,
Nulla talem silva profert, flore, fronde, germine!
Dulce lignum dulci clavo dulce pondus sustinens.

1. Pange, lingua, gloriosi prœlium certaminis,
Et super Crucis trophæo dic triumphum nobilem,
Qualiter Redemptor orbis immolatus vicerit. R.

2. De parentis protoplasti fraude factor condolens,
Quando pomi noxialis morte morsu corruit,
Ipse lignum tunc notavit, damma ligni ut solveret. R.

R. Treues Holz, vor allen Bäumen einzig du an Ehren reich,
denn an Zweigen, Blüten, Früchten ist im Wald kein Baum dir gleich.
Süßes Holz, o süße Nägel! Süße Last beschweret euch.

1. Von dem lorbeerreichen Streite töne meiner Stimme Klang.
Auf des Kreuzes Siegeszeichen sing' sie den Triumphgesang,
wie der Weltheiland sich opfert und als Lamm den Tod bezwang. R.

2. Trauernd ob des ersten Menschen Überlistung, hatte Gott,
als der Biss des Sündenapfels uns gestürzt in Todesnot,
schon den Baum gezeigt, der Sühnung für des Baumes Schulden bot. R.